Abbildungsverzeichnis

Tabellenverzeichnis

Abkürzungsverzeichnis

AF	Application Framework
B2B	Business-to-Business
B2C	Business-to-Consumer
B2E	Business-to-Employee
BPM	Business Process Management
CPM	Corporate Performance Management
CRM	Costumer Relationship Management
DB	Integrated Database
EAI	Enterprise Application Integration
ELM	Employee Lifecycle Management
ERP	Enterprise Resource Planning
MRP	Material Requirement Planning
PLM	Product Lifecycle Management
PPS	Produktionsplanung und –steuerung
SC	Supply Chain
SCM	Supply Chain Managment
SOA	Serviceorientierte Architektur
SOBA	Service Oriented Business Application
SRM	Supplier Relationship Management
WFMS	Workflow Management System
XML	Extensible Markup Language

1   ERP II – die Zukunft hat schon begonnen

Die Fortschritte in den Informationstechnologien, die Expansion des Internets und des elektronischen Handels (E-Business) sowie die zwischenbetrieblichen Kooperationen im Sinne des Supply Chain Management (Lieferantenanbindungen, Kundenportale, Partnernetzwerke), die immer mehr an Bedeutung gewinnen, stellen Enterprise-Resource-Planning-Systeme (ERP-Systeme) vor neue Herausforderungen.[1] Durch die fortschreitende Globalisierung wird es erforderlich, hinsichtlich der Nutzung von Ressourcen und der damit einhergehenden Unternehmensprozesse Unternehmens- und Ländergrenzen zu überschreiten.[2] Angesicht dieser Situation sind auch die Anforderungen und Erwartungen der Unternehmen an ihre ERP Lösungen gestiegen. So werden Themenkomplexe wie Customer Relationship Management (CRM) zur Potenzialausschöpfung bestehender Kundenlandschaften, Supply Chain Management (SCM) zur Minderung von Reibungsverlusten innerhalb der Supply Chain sowie Business Process Management (BPM) zur Kontrolle, Optimierung und effizienten Steuerung der innerbetrieblichen Abläufe aktuell zunehmend nachgefragt.[3] Collaborative Business ist das Schlüsselwort.

Aufgrund dieser Entwicklung stellt sich die Frage, ob herkömmliche ERP-Systeme noch zeitgemäß sind oder ob sie einer neuen Informationstechnologie weichen müssen. Am Ende der 90er Jahre brachte die Gartner Group die Studie „ERP is dead – long live ERP II" auf den Markt. Gartner prägte den Begriff der ERP II-Systeme und legte ein Konzept vor, wie sich die ERP-Systeme entwickeln müssen, um heute noch zeitgemäß zu sein. Die ERP Anbieter setzten zum großen Teil das ERP II Konzept von Gartner um und entwickelten ERP II-Systeme.[4] ERP II-Lösungen charakterisieren sich unter anderem durch offene Web-konforme Basisarchitekturen und implementieren neue Technologien wie Java oder .NET. Hierbei stellt sich die Frage, ob die ERP II-Systeme das beste Werkzeug sind, um die Prozesskosten signifikant zu reduzieren und die Flexibilität der Organisationen zu erhöhen bzw. ob sie den aktuellen Anforderungen stand halten können? Sind ERP II-System State of the Art oder ist dies nur der erste Schritt in die Zukunft?

Ziel der vorliegenden Arbeit ist es, anhand einer detaillierten Analyse von ERP II-Systemen zu klären, ob diese ein zukunftsfähiges Modell für die Unternehmenssoftware sind. Um dies beurteilen zu können, wird die Herkunft, die angewandte Technologien,

---

[1]   Vgl. Albert, Fuchs (2007), S. 4.
[2]   Vgl. Beheshti (2006), S. 184.
[3]   Vgl. Gottwald (2007), S. 23.
[4]   Vgl. Möller (2005), S. 483.

Sprachen und Architekturen von ERP II-Systemen dargestellt. Dazu ist die vorliegende Arbeit in fünf Kapitel gegliedert. Kapitel 2 umfasst die Entstehung und die Entwicklung der verschiedenen Unternehmenssoftware in den letzten 50 Jahren. Hierzu wird die Entwicklung des Handels und der Industrie der letzten 50 Jahre betrachtet, dessen Anforderung in Verbindung mit neuen Technologien die Konzipierung der verschiedenen Unternehmenssoftware möglich gemacht hat. Das konzeptionelle Framework von ERP II-Systemen wird in Kapitel 3 analysiert. Hier wird die Systemarchitektur inklusive seiner einzelnen Schichten und Komponenten und die Technologien, die dahinter stehen, dargestellt. Am Ende des Kapitels wird ein direkter Vergleich zwischen ERP und ERP II durchgeführt. Abschließend soll im Kapitel 5 die Schlussbetrachtung als Resultat der vorangegangenen Analysen und Untersuchungen eine Antwort auf die Frage geben, ob ERP II-Systeme ein zukunftsfähiges Modell für Unternehmenssoftware darstellt.

2   Von MRP über ERP zu ERP II

2.1   Definition der Softwaresysteme

MRP, ERP und ERP II sind Softwaresysteme, die zu dem Bereich der Business Software (Unternehmenssoftware) gehören. Der Begriff Business Software beschreibt allgemein jede Art von Anwendungssoftware, die in Unternehmen oder anderen Organisationen eingesetzt werden, um betriebswirtschaftliche Prozesse abzubilden.[5] Darüber hinaus ist unter einem Softwaresystem ein System zu verstehen, dessen Systemelemente aus Software bestehen. Hierbei wird Software als eine Anzahl von Programmen oder eine Menge von Daten mit dazugehörenden Dokumenten bezeichnet, die für bestimmte Anwendungen hilfreich ist.[6] In den folgenden Abschnitten werden die einzelnen Softwaresysteme vorgestellt und definiert.

Material Requirement Planning (MRP)

Material Requirement Planning ist ein computerunterstütztes Verfahren zur Materialbedarfsplanung. Hierbei handelte es sich um einen der häufigsten Vertreter von Push-Produktionsplanungssystemen.[7] Das MRP ist ein System zur Einrichtung einer genauen Kontrolle über die Planung der Produktion und des Absatzes.[8] Im Mittelpunkt dieses Konzeptes stehen schnelle Verfahren für Stücklistenstrukturen und Methoden zur stochastischen Primärbedarfsermittlung.[9]

Enterprise Resource Planning (ERP)

Enterprise Resource Planning charakterisiert die unternehmerische Aufgabe, die in einem Unternehmen vorhandenen Ressourcen möglichst effizient für den betrieblichen Ablauf einzuplanen. Unter dem Begriff Ressource werden natürliche oder gesellschaftliche Quellen wie z.B. Kapital, Betriebsmittel oder Personal verstanden.[10] Diese ERP-Prozesse werden heutzutage im Unternehmen meist softwaregestützt durchgeführt und werden als ERP-Systeme bezeichnet. Die ERP-Systeme können jedoch mehr als nur die Planung von Ressourcen.

---

[5]   Vgl. Albert, Fuchs (2007), S. 1.
[6]   Vgl. Balzert (2000), S. 24.
[7]   Vgl. Hesseler, Görtz (2007), S. 387.
[8]   Vgl. Schulte (2005), S. 417.
[9]   Vgl. Gronau (1992), S. 160.
[10]   Vgl. Spielmann, Koelwel (2006), S. 17.

Laut Hesseler – Görtz sind ERP-Systeme:

„Unter einem ERP-System wird eine integrierte Software verstanden, die auf Basis standardisierter Module alle oder wesentliche Teile der Geschäftsprozesse eines Unternehmens aus betriebswirtschaftlicher Sicht informationstechnisch unterstützt. Die zur Verfügung stehenden Systemfunktionalitäten liefern dabei aktuelle Informationen auf Basis der erfassten und verarbeiteten Daten und ermöglichen hierdurch eine unternehmensweite Planung, Steuerung und Kontrolle."[11]

Durch diese Definition wird verdeutlicht, dass es sich bei ERP-Systemen um betriebwirtschaftlich ausgerichtete Software handelt. Bei dieser steht die Unterstützung von Geschäftsprozessen im Vordergrund, welche sich nicht nur auf die unternehmensweite Planung, Steuerung und Kontrolle von Unternehmensressourcen beschränkt. Aufgrund des funktionalen Umfangs und der intendierten Einsatzbreite sind ERP-Systeme umfangreicher als reine Warenwirtschaftssysteme, da sie neben den operativen Prozessen auch andere Bereiche wie Finanzen, Personalwesen und Funktionen zur Unternehmensplanung abdecken.[12] Sie sind aufgrund des Funktionsumfangs mit dem Aufgabenbereich eines Handelsinformationssystems gleichzusetzen.[13] Eine wichtige Eigenschaft von ERP-Systemen ist die Integration verschiedener Funktionen, Aufgaben und Dateien in einem Informationssystem, wobei als minimale Integration eine gemeinsame Datenhaltung anzusehen ist.[14]

ERP II oder erweitertes ERP

Der Begriff ERP II wurde von der Gartner Group am Ende der 90er Jahre konzipiert. Es bezeichnet eine Web-zentrierte, auf Integrationsbelange ausgerichtete Architektur von ERP-Programmen.[15] Die Gartner Group definierte ihr neues Konzept als:

„ [...] a business strategy and a set of industry-domain-specific applications that build customer and shareholder value by enabling and optimizing enterprise and inter-enterprise, collaborative-operational and financial processes."[16]

Es ist eine Erweiterung der klassischen ERP-Systeme um Funktionen zur Unterstützung und Steuerung von unternehmensübergreifenden Prozessen, wie beispielsweise in einer Supply Chain. Trotz der ebenfalls überbetrieblichen Ausrichtung von ERP II, darf es nicht mit SCM-Software verwechselt werden. Für den Bereich des Supply Chain Mana-

---

[11] Hesseler, Görtz (2007), S. 5 f.
[12] Vgl. Schütte, Vering, Wiese (2000), S. 25.
[13] Vgl. Vering (2002), S. 87.
[14] Vgl. Gronau (2004), S. 4.
[15] Vgl. Gottwald (2006a), S. 31.
[16] Möller (2005), S. 488.

gement (SCM) gibt es andere Software bzw. Systeme, die speziell für das SCM konzipiert und entwickelt worden sind.[17]

2.2 Entwicklung des Handels und der Industrie in den letzten 50 Jahren

2.2.1 In Bezug auf die Supply Chain am Beispiel der Fleischwirtschaft

Unter einer Supply Chain wird im engeren Sinne eine Versorgungskette, Lieferkette oder eine unternehmensübergreifende Wertschöpfungskette verstanden. In der Praxis wäre es treffender von Versorgungsnetzwerken zu sprechen, da die meisten Unternehmen mit mehreren Organisationen bzw. mehreren Lieferanten und Abnehmern zusammenarbeiten. Es bildet sich somit ein Netzwerk aus verschiedenen Organisationen.[18] Entlang dieser Kette bzw. dieses Netzwerks fließen Güter, Dienstleistungen, Informationen und Gelder.[19] Oft wird die Supply Chain mit der Logistikkette verwechselt, obwohl sie einen entscheidenden Unterschied hat. Bei der Logistikkette entscheidet ein einzelner Teilnehmer aus einem isolierten einzelwirtschaftlichen Entscheidungskalkül heraus, während bei der Supply Chain aus einer ganzheitlichen Betrachtung der Logistikkette entschieden wird.[20] Die Supply Chain fängt bei den Rohstoffen an und endet beim Verbraucher. Im Falle der Fleischindustrie geht diese Supply Chain vom Produzenten der Futtermittel bis zum Verbraucher im Supermarkt. Die Struktur einer Supply Chain ist branchentypisch. Dies bedeutet, dass die Anzahl an Akteuren bzw. die Länge der Supply Chain und die Kettenverzweigung bzw. die Breite nicht a priori fixiert ist, sondern von der Branche abhängig ist.[21]

Wie erwähnt gibt es in der Praxis in den meisten Fällen mehrere Lieferanten und mehrere Abnehmer, so dass sich ein Netzwerk bildet. Dies war nicht immer so. Bis in die zweite Hälfte des 20. Jahrhunderts übernahmen die Landwirte in den meisten Fällen die Rolle der Schlachtung, Zerlegung, Verarbeitung und des Handels.[22] Sie produzierten die Produkte und vermarkteten diese in ihrer Region. Die Supply Chain bestanden nur aus den Lieferanten, dem Landwirt und den Verbrauchern. Der Landwirt kannte in der Regel seine Lieferanten und seine Kunden persönlich. Dank zunehmender Spezialisierung in der Produktion und durch die Auslagerung von Leistungen, die vorher intern bzw. in den privaten Haushalten erledigt wurden, veränderte sich dieses Bild. Dazu kam durch

---

[17] Vgl. Albert, Fuchs (2007), S. 4.
[18] Vgl. Busch, Dangelmaier (2002), S. 4.
[19] Vgl. Hahn (2000), S. 12.
[20] Vgl. Corsten, Gössinger (2001), S. 83.
[21] Vgl. Hahn (2000), S. 15.
[22] Vgl. Gampl (2006), S. 8.

die Internationalisierung in der Lebensmittelproduktion bzw. in der Industrie im allge-
meinen und im Handel, dass sich die Produzenten und Konsumenten räumlich voneinander entfernen.[23]

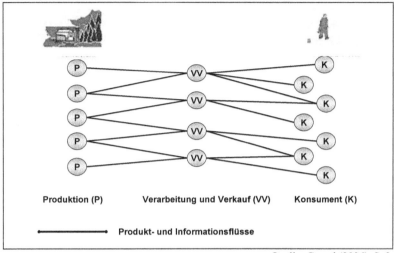

Produktion (P)　　　Verarbeitung und Verkauf (VV)　　　Konsument (K)

◀──────────▶ Produkt- und Informationsflüsse

Quelle: Gampl (2006), S. 9.

Abb. 2.1:　　Einfache Supply Chain

Die Anzahl an Akteuren und die Vielfalt an Stufen innerhalb der Supply Chain haben
sich im Laufe der Zeit drastisch verändert.[24] Wo anfangs die Supply Chain aus vielen
Akteuren und wenigen Stufen bestand, im extremen Fall nur aus den Stufen[25] Landwirt
und Verbraucher (siehe Abb. 2.1), sind heute große Netzwerke mit wenigen Akteuren
auf einer Vielzahl an Stufen zu finden (siehe Abb. 2.2). Durch die Tatsache, dass weniger Akteuren, in unserem Fall weniger Lebensmittelproduzenten, Verarbeiter und Händ-
ler die Konsumenten versorgen, könnte der falsche Eindruck erwecket werden, dass die
Struktur der Lebensmittelkette einfacher geworden ist, was nicht der Fall ist. Im Gegenteil, die Unternehmen haben sich gleichzeitig stark spezialisiert, die Arbeitsteilung ist
differenzierter und die Strukturen sind komplexer geworden.[26]

---

[23]　Vgl. Gampl (2006), S. 9.
[24]　Vgl. Gampl (2006), S. 7 ff.
[25]　Eine Stufe steht für eine Produktionsstufe. Alle Akteure, die zu einer Produktionsstufe gehören,
　　　führen die gleichen Produktionsschritte durch.
[26]　Vgl. Gampl (2006), S. 10.

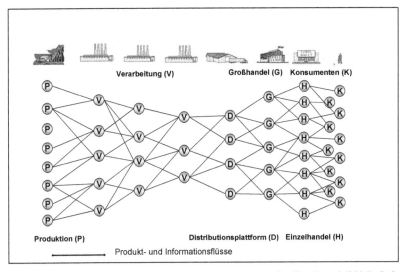

Quelle: Gampl (2006), S. 9.

Abb. 2.2:   Komplexe Supply Chain

2.2.2   In Bezug auf deren Anforderungen an die Softwaresysteme

Im Kapitel 2.2.1 wurde die Entwicklung der Supply Chain des Handels und der Industrie beschrieben. Dieser Prozess wurde am Beispiel der Fleischwirtschaft erläutert. Die
Eigenschaften der Fleischindustrie können allerdings auch auf andere Handels- und In-
dustriezweige übertragen werden. Prinzipiell hat sich die Supply Chain von einfacher
linearen und aus wenigen Stufen bestehenden Supply Chain bzw. Wertschöpfungskette
in komplexe netzwerkartige und aus mehreren Stufen bestehende Supply Chain ver-
wandelt. Es kommt zu einer starken Ausdifferenzierung von Stufen und einer engen
Vernetzung zwischen den einzelnen Akteuren verschiedener Stufen. Wie diese komplexe Supply Chain heute aussehen könnte, ist in Abb. 2.2 dargestellt. Solche komplexen
Lieferbeziehungen führen zu neuen Anforderungen an Informationen bzw. an informa-
tionstechnische Unterstützungen, da die Informationen nicht mehr ohne Aufwand stets
Verfügbar sind. Der zentrale Akteur, wie es in einfacher Supply Chain zu beobachten
ist, ist nicht mehr vorhanden.[27] Die Informationen sind über der gesamten Supply Chain
verteilt. In einer komplexen Supply Chain ist es schwieriger die Informationen zu ver-
walten und bereit zu halten, als in einer einfachen Supply Chain. Daher wird ein gutes
Informationsmanagement immer wichtiger, um eine Verbesserung von Abläufen durch

---

[27]   Vgl. Gampl (2006), S. 11.

eine verbesserte Koordination der Warenströme in den Wertschöpfungsketten zu errei-
chen.

So wie sich die Supply Chain mit der Zeit stark verändert hat, so haben sich auch die
Anforderung an Softwaresysteme oder allgemein an informationstechnischer Unterstützung verändert bzw. verstärkt. Da sich früher fast alles intern abwickelte und an einem
einzigen Ort produziert wurde, konzentrierten sich die Anforderungen nur auf die Optimierung der Prozesse innerhalb des eigenen Unternehmens. Vor allem in der Produktion
waren die Anforderungen groß, es sollte die mengenorientierte Materialbedarfsplanung
auf den Rechner übertragen werden.[28] Diese Anforderungen an die informationstechni-
sche Unterstützung haben sich im laufe der Jahre in anderen Abteilungen der Unternehmen eingefunden, wie zum Beispiel Finanz- und Rechnungswesen, Controlling, Per-
sonalwirtschaft, Forschung und Entwicklung, Verkauf, Marketing und Stammdatenver-
waltung.[29] Es wurde gefordert Ressourcen nicht nur für die Produktionsprozesse zu
steuern und zu koordinieren,[30] sondern darüber hinaus war es notwendig die Daten innerhalb eines Unternehmens und seinen Abteilungen in einer zentralen Datenbank zu
integrieren, um damit Redundanzen zu vermeiden.[31] Außerdem gab es auch Forderun-
gen, die Anwendungssysteme zu integrieren und eine horizontale und vertikale Koordination zu ermöglichen.[32]

Durch das enorme Wachstum der Informationstechnologien, aber vor allem durch das
Vordringen des Internets in die Unternehmensbereiche aller Branchen, haben sich in
den letzten 10 Jahren die Anforderungen stark verändert.[33] Das Internet bzw. das World
Wide Web hat sich im Geschäftsleben zu einer festen Größe etabliert. Zwischenbetriebliche Kooperationen, im Sinne des SCM, gewannen verstärkt an Bedeutung, wodurch
die Softwaresysteme zur Jahrtausendwende vor neue Herausforderungen gestellt wurden.[34] SCM wurde zu einer der wichtigsten Geschäftskonzepte. Durch die Globalisierung der Märkte und das Outsourcing wurde die Supply Chain sehr komplex. Nur wer
diese Prozesse innerhalb der Supply Chain durch geeignete Softwaresysteme optimieren
konnte, war in der Lage sich einen Vorteil gegenüber den anderen Konkurrenten zu ver-
schaffen.[35]

[28] Vgl. Gronau (2004), S.12.
[29] Vgl. Albert, Fuchs (2007), S. 2.
[30] Vgl. Gronau (2004), S. 4.
[31] Vgl. Albert, Fuchs (2007), S. 2.
[32] Vgl. Becker, Schütte (1996), S. 17 f.
[33] Vgl. Market Research (2006), S. 6 ff.
[34] Vgl. Albert, Fuchs (2007), S. 4.
[35] Vgl. Möller (2005), S. 486.

Die native Unterstützung des Internets, eine vollkommene Plattformunabhängigkeit auf der Hardwareseite, Skalierbarkeit, Erweiterbarkeit, Integrationsfähigkeit mit Fremdsystemen und Verbesserungen der horizontalen und vertikalen Integration sind einige von den neuen Anforderungen der Anwender an die Softwaresysteme.[36] Laut der Studie „SoftTrend 243: ERP und ERP II 2006" von der Unternehmensberatung SoftSelect GmbH in Hamburg werden Eigenschaften wie Interoperabilität und Skalierbarkeit von den Anwendern bzw. den IT-Leitern als wichtig bis sehr wichtig eingestuft[37], wobei unter Interoperabilität die Zusammenarbeit mit anderen Systemen verstanden wird. Es wird eine leichte Integrierbarkeit und Standardschnittstellen zu den am Markt meist vertretenen Systemen erwartet. Zudem sollten die Softwaresysteme in der Lage sein, das steigende Transaktionsvolumen bzw. die steigende Menge an Daten ohne weitere Umstellungen zu bewältigen, d.h. die Systeme sollen skalierbar sein.[38]

2.3 Entwicklung der Softwaresysteme in den letzten 50 Jahren

Die Softwaresysteme bzw. die in der Arbeit betrachteten Unternehmenssoftware können auf eine Entwicklung von mehr als 50 Jahre zurückblicken. Angetrieben wurde diese Entwicklung durch die immer größer werdenden Anforderungen der Anwender und durch die immer besser werdenden Technologien.[39] Mitte der 60er Jahre wurden die MRP-Systeme eingeführt, um eine rechnergestützte Materialbedarfplanung und eine zeitliche Grobplanung durchzuführen. Diese waren die ersten Schritte zur Systematisierung des Informationsflusses innerhalb des Produktionsprozesses. Zehn Jahre später kamen die Manufacturing Resource Planning Systeme (MRP II-Systeme) bzw. Produktionsplanungs und -steuerungs-Systeme (PPS-Systeme). Die Modelle waren eine Weiterentwicklung von MRP, die nun auch die strategischen Gesichtspunkte der Produktionsplanung berücksichtigte.[40] Dies war der Übergang von der Materialbedarfsplanung zur Termin- und Kapazitätsplanung. Bei MRP II wird ein Sukzessiveplanungsansatz verfolgt, wobei eine möglichst hohe Auslastung der Kapazitäten im Vordergrund steht. Es wird ein Ressourcenabgleich bezüglich Personal, Material, Maschinen und Finanzmittel auf unterschiedlichen Planungsebenen durchgeführt.[41] Schließlich wurden in den neunziger Jahren die ERP Software entwickelt. Diese ist ein umfassendes Softwarepaket von Anwendungen, die auf einer gemeinsamen Datenbasis aufbauen.[42] Zur Zeit des

[36] Vgl. Gottwald (2006b), S. 16 ff.
[37] Vgl. Schambach (2006), S. 1.
[38] Vgl. Gümbel (2003), S. 28.
[39] Vgl. Möller (2005), S. 483.
[40] Vgl. Beheshti (2006), S. 186.
[41] Vgl. Schulte (2005), S. 417.
[42] Vgl. Beheshti (2006), S. 186.

Internetbooms zur Jahrtausendwende wurden die ERP-Systeme wie im Kapitel 2.2.2 beschrieben vor neue Herausforderungen gestellt. Die unternehmensintern ausgerichteten Softwaresysteme konnten die wachsenden Anforderungen nicht mehr realisieren. In Analogie zum Begriff ERP führte die Gartner Group den Begriff ERP II ein. ERP II ist eine Weiterentwicklung des ERP Konzeptes, das sich für die anderen Akteure innerhalb der Supply Chain „öffnet". Es unterstützt die unternehmensübergreifende Prozesse. ERP II ist in der Lage, ein Unternehmen, das im Prozess involviert ist, in eine prozessorientierte, an der Wertschöpfungsnetzen ausgerichtete Organisation zu integrieren und zu unterstützen.[43]

In der Abb. 2.3 ist die genaue Entwicklung der Unternehmenssoftware dargestellt.

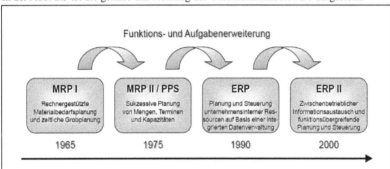

Quelle: Albert, Fuchs (2007), S. 3.

Abb. 2.3: Entwicklung der Unternehmenssoftware in den letzten 50 Jahre

---

[43] Vgl. Albert, Fuchs (2007), S. 4.

- 11 -

3   Konzeptionelles Framework von ERP II

ERP II-Systeme passen sich der Zeit an. Sie versuchen den neuen Ansprüchen der Anwender gerecht zu werden. Angesichts dieser Anforderungen, die bereits in Kapitel
2.2.2 beschrieben worden sind, zeichnen sich ERP II Lösungen durch offene, web-
konforme Basisarchitekturen, Plattformunabhängigkeit, ein hohes Maß an Flexibilität,
Serviceorientierung, Skalierbarkeit und Interoperabilität aus.[44] Um solche Eigenschaften
realisieren zu können, sind neue Systemarchitekturen und Technologien erforderlich.
Sie werden im folgenden Kapitel vorgestellt.

3.1   Systemarchitektur von ERP II-Systeme

Die Architekturen von ERP-Systemen haben sich in den letzten Jahren grundlegend
verändert. Wo früher fast nur proprietäre ERP Lösungen, die stark durch ihren monolithischen Aufbau, ihre geschlossene Architektur und die rein auf die Abbildung bestimmter interner Unternehmensprozesse gerichtete Struktur bestimmt waren, finden sich heute immer mehr flexible Elemente in den entsprechenden Applikationsarchitekturen wieder. Diese Elemente unterstützen auf Applikationsarchitekturebene sowohl J2EE als
auch .NET und auf Datenformatebene XML. Die Imperative wie Adaptierbarkeit, Serviceorientierung und Collaboration (unternehmensübergreifende Transaktionsprozesse)
bestimmen die Systemarchitekturen von ERP II-Systemen.[45] Das ERP II-System ist kein
selbständiger Baustein im Bebauungsplan der Applikationsarchitektur mehr. Es ist im
Gegenteil dazu offen strukturiert und mit internen als auch externen Applikationen in
Verbindung. Technologiekomponenten, die bis jetzt fest in den Applikationen pro-
grammiert waren, sind nun als Infrastrukturdienste ausgelagert und stehen auch anderen
Applikationen zur Verfügung.[46] Die verschiedenen Funktionen der ERP II-Systeme stehen den Anwendern (sowohl den internen als auch den externen Anwendern) mit den
jeweiligen Zugriffsbeschränkungen z.B. in Form eines Web-Portals zur Verfügung, was
die Internet-Fähigkeit eines ERP II-Systems unter Beweis stellt. Gerade mittelständige
Unternehmen wünschen sich einen standortunabhängigen Zugriff auf die Applikationen.[47] Ein Beispiel einer ERP II Systemarchitektur wird in Abb. 3.1 dargestellt:

[44]   Vgl. Gottwald (2006c), S. 10.
[45]   Vgl. Market Research (2005), S. 6.
[46]   Vgl. Market Research (2005), S. 7.
[47]   Vgl. Market Research (2005), S. 10.

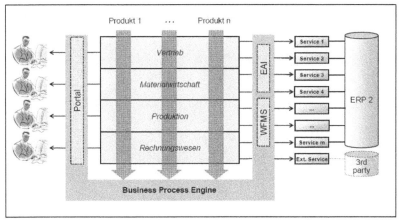

Quelle: O.V. (2005).

Abb. 3.1: Systemarchitektur eines ERP II-Systems

Im folgenden Teil werden die einzelnen Komponenten und die Schichten eines ERP II-Systems dargestellt.

3.1.1 Schichten eines ERP II-Systems

Ein ERP II-System besteht laut Möller aus vier Schichten: Die Grundschicht (foundation layer), die Prozessschicht (process layer), die Analyseschicht (analytical layer) und die E-Business Schicht (portal layer). Diese Schichten sind in der Abb. 3.2 zu sehen, wobei die Grundschicht als die Fläche unter allen Komponenten dargestellt wird.[48]

Zu jeder Schicht gehören bestimmte Komponenten innerhalb des Systems. Jede Schicht kann einer bestimmten Gruppe von Komponenten zugeordnet werden. Zu der Grundschicht gehören die Kernkomponenten (core), zu der Prozessschicht gehören die Hauptkomponenten (central), zu der Analyseschicht gehören die korporative (corporate) Komponente und zu der E-Business Schicht gehören die interoperative (Collaborative) Komponente.[49] Eine detaillierte Einordnung der einzelnen Schichten, Gruppen und Komponenten zu einander ist in der Tab. 3.1 dargestellt. Darüber hinaus werden die einzelnen Komponenten innerhalb jeder Schicht im nächsten Kapitel detailliert beschrieben.

---

[48] Vgl. Möller (2005), S. 489.
[49] Vgl. Möller (2005), S. 489.

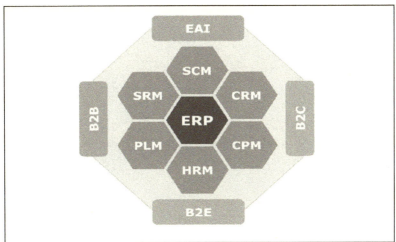

Quelle: Möller (2005), S. 490.

Abb. 3.2:   Bestandteile eines ERP II-Systems

Layer	Components	
Foundation	Core	Integrated database (DB)
		Application framework (AF)
Process	Central	Enterprise resource planning (ERP)
		Business process management (BPM)
Analytical	Corporate	Supply chain management (SCM)
		Customer relationship management (CRM)
		Supplier relationship management (SRM)
		Product lifecycle management (PLM)
		Employee lifecycle management (ELM)
		Corporate performance management (CPM)
Portal	Collaborative	Business-to-consumer (B2C)
		Business-to-business (B2B)
		Business-to-employee (B2E)
		Enterprise application integration (EAI)

Quelle: Möller (2005), S. 490.

Tab. 3.1:   Die vier Schichten eines ERP II-Systems

3.1.2   Komponenten eines ERP II-Systems

Die Grundschicht ist die Kernkomponente eines ERP II-Systems. Es beinhaltet eine integrierte Datenbank und so genannte application framework, wobei das application

- 14 -

framework ein Programmiergerüst für eine bestimmte Klasse von Anwendungen und die zwischen diesen Klassen bestehenden gegenseitigen Beziehungen bildet.[50]

Die Hauptkomponenten der Prozessschicht sind ERP und BPM, welche die Kerneigenschaften des Systems widerspiegeln. Das reine ERP-System ist immer noch die Hauptkomponente jedes ERP II-Systems. Die bekannten Module wie Vertrieb, Materialwirtschaft, Produktion, Verkauf, Marketing und Rechnungswesen eines herkömmlichen ERP-Systems sind immer noch das Rückrat eines ERP II-Systems. Die reinen ERP II-Systeme basieren auf BPM (Geschäftsprozessmanagement), was sich mit dem Herausfinden, Gestalten, Dokumentieren und Verbessern von Geschäftsprozessen beschäftigt.[51]

Die Analyseschicht umfasst die korporativen Komponenten. Sie erweitern und vergrößern die Hauptfunktionen eines ERP-Systems indem sie das Management bei Entscheidungsfragen interner oder externer Natur unterstützen.[52]

Die E-Business Schicht ist das Portal eines ERP II-Systems. Die interoperative Schicht ermöglicht die Kommunikation und Integration zwischen dem ERP II-System und den Akteuren außerhalb des Unternehmens.[53]

3.1.3 Technologien hinter ERP II-Systeme

Um die Zielsetzungen (Plattformunabhängigkeit, Integrationsfähigkeit, Internetfähigkeit und Interoperabilität) von ERP II-Lösungen zu gewährleisten, sind bestimmte Technologien nötig. Hierfür werden Technologien wie z.B. Java- oder .NET-basierte Systeme eingesetzt[54] wie beispielsweise das Produkt der Software Firma SoftM Grenax, welches ausschließlich auf Java und dem J2EE (Java 2 Platform, Enterprise Edition) Standard basiert.[55] Um Flexibilität zu gewährleisten, kann insbesondere eine 3-Tier-Architektur mit einer konsequenten Trennung von „Präsentation", „Applikationslogik" und „Datenhaltung" ihre Stärken ausspielen. Die drei Schichten „Client", „Server" und „Datenbank" ermöglichen eine voneinander unabhängige Ausgestaltung. Dies macht Unternehmen in hohem Maße flexibel. Die ERP II Systemarchitekturen können so individuell auf die technologischen Bedürfnisse des jeweiligen Unternehmens abgestimmt werden. Die Kommunikation zwischen den Ebenen findet in modernen ERP Lösungen auf Basis

[50] Vgl. Stahlknecht, Hasenkamp (2004), S. 324.
[51] Vgl. Möller (2005), S. 491.
[52] Vgl. Möller (2005), S. 491.
[53] Vgl. Möller (2005), S. 491.
[54] Vgl. Gottwald (2006c), S. 10.
[55] Vgl. Experton Group (2006), S. 18.

von Extensible Markup Language (XML) bzw. Web Services statt.[56] Unter Web Services werden verteilte, lose gekoppelte und wiederverwendbare Softwarekomponenten verstanden, auf die über Standard-Internetprotokolle programmatisch zugegriffen werden kann.[57]

Um sicherzustellen, dass die ERP II Architektur mit möglichst vielen anderen Lösungen integriert werden kann, werden Offene Standards wie das Internetprotokoll TCP/IP, die Auszeichnungssprache XML und Web Services eingesetzt.[58]

3.2   ERP vs. ERP II

In Hinblick auf die von den Anwender, wie sie in Kapitel 2.2.2 detailliert besprochen worden sind, gestellte Anforderungen charakterisieren sich moderne ERP II-Lösungen durch offene Web-konforme Basisarchitekturen, Plattformunabhängigkeit, ein hohes Maß an Flexibilität, Serviceorientierung, Skalierbarkeit und Interoperabilität.[59] Die ERP II-Systeme unterstützen unternehmensübergreifende Prozesse, d.h. deren Einsatzgebiet endet nicht mit den Unternehmensgrenzen, wie in Abb. 3.3 zu sehen ist.

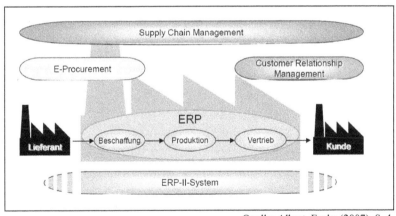

Quelle: Albert, Fuchs (2007), S. 4.

Abb. 3.3:   ERP-System erweitert um überbetriebliche Funktionalitäten

---

[56]   Vgl. Market Research (2005), S. 9.
[57]   Vgl. Albert, Fuchs (2007), S. 5.
[58]   Vgl. Market Research (2005), S. 10.
[59]   Vgl. Gottwald (2006b), S. 17.

Im Gegensatz hierzu sind herkömmliche ERP-Systeme unter anderem durch ihren monolithischen Aufbau, ihre geschlossene Architektur und ihre Strukturen bestimmt. ERP-Systeme konzentrieren sich nur auf die Abbildung bestimmter interner Unternehmensprozesse. Klassische ERP-Systeme können die unternehmensübergreifenden kollaborativen Prozesse nicht bewältigen, da sie meist für vertikale Organisationsformen ausgelegt sind. Erzeugte Daten und Informationen werden in erster Linie internen Verwendungen zugeführt. Nur in Verbindung mit großem Aufwand sind Anpassungen an veränderte Rahmenbedingungen oder die Zusammenfügung von Fremdsystemen möglich.[60]

ERP II-Systeme sind webbasiert und können mittels Web Services implementiert werden. Die ERP-Systeme sind hingegen nur Web-fähig, die meisten von diesen beschränken sich nur auf Sekundärbereiche wie beispielsweise Online-Shops.[61] Deutliche Vorteile bieten Web-Technologien bei der Zusammenführung einzelner Standorte in komplexe Unternehmens- bzw. Collaborationsnetzwerke. Speziell die Einbindung kleinerer Organisationseinheiten wird damit vereinfacht und die meist überproportional hohen Investitionen auf der Frontend-Seite reduziert.[62]

Die wesentlichen Unterschiede zwischen ERP und ERP II in Bezug auf Rolle, Branchenfokus, Funktion, Prozess, Architektur und Daten sind in Tab. 3.3 abgebildet.

---

[60] Vgl. Gottwald (2006b), S. 17.
[61] Vgl. Gottwald (2006b), S. 17.
[62] Vgl. Schambach (2006), S. 2.

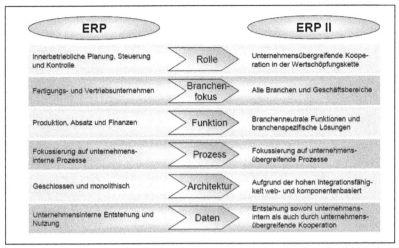

Quelle: Albert, Fuchs (2007), S. 5.

Tab. 3.2:   Unterschiede zwischen ERP und ERP II

4 Semiramis – ein Beispiel aus der Praxis

Die SoftM Software und Beratung AG, München, ist mit über 4000 Kunden einer der führenden Anbieter von IT-Lösungen für den Mittelstand im deutsprachigen Raum. Seit seiner Gründung im Jahr 1973 entwickelt SoftM betriebswirtschaftliche Standardsoftware. 430 Mitarbeiter an 19 Standorten in Deutschland, Österreich, der Schweiz, Frankreich, Polen und Tschechien gewährleisten die nötige räumliche Nähe zum Kunden. 2006 betrug der Umsatz 83 Millionen Euro.[63]

Semiramis ist eine serviceorientierte, komplett in Java entwickelte, internetbasierte ERP II Software, die speziell für die Anforderungen mittelständischer Unternehmen konzipiert ist. Semiranis charakterisiert sich durch Eigenschaften wie Funktionalität, Collaboration, Integration und Leistungsfähigkeit. Die eingesetzten Technologien ermöglichen einen flexiblen, plattformunabhängigen Einsatz der Software. Das System kann von beliebigen Orten genutzt werden. Hierbei können Kunden, Lieferanten und andere Partner sich leicht in die Anwendungen integrieren lassen. Semiramis stellt eine Anzahl an Funktionalitäten für sämtliche ERP Anwendungsbereiche bereit, wie z.B. für Vertrieb, Beschaffung, Lagerlogistik, Disposition, Produktion, Kalkulation, Kundenmanagement, Rechnungswesen und Business Intelligence. Dieses geschieht in Form von 14 integrierten Frameworks, die Semiramis anbietet. Die Gartner Group bezeichnet eine Unternehmenssoftware wie Semiramis als eine „Service Oriented Business Application" (SOBA). In Semiramis können die einzelnen Funktionen flexibel benutzt werden, darüber hinaus ist die Abbildung individueller Prozessketten damit möglich. Semiramis bietet bereits im Standard umfassende Integrationsdienste wie die native Unterstützung von Web Services an.[64]

Semiramis ist aktuell in folgenden Branchen und Marktsegmenten im Einsatz: Großhandel, diskrete Fertigung, Prozessfertigung, Maschinen und Anlagenbau. Das Produkt befindet sich seit ca. drei Jahren auf dem Markt und wird bereits von über 200 Unternehmen eingesetzt.[65]

In Abb. 4.2 ist die Systemarchitektur der Semiramis Software dargestellt. In der Mitte der Abb. sind die einzelnen Module bzw. Frameworks zu sehen.

[63] Vgl. o.V. (2007).
[64] Vgl. SoftM Seminaris GmbH & CO. KG (2007), S. 4 ff.
[65] Vgl. o.V. (2007).

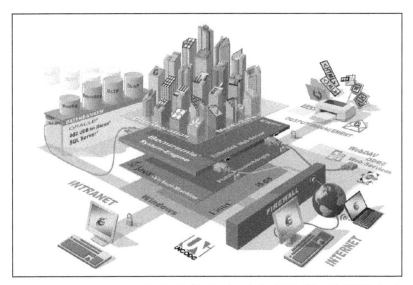

Quelle: SoftM Semiramis GmbH & CO. KG (2007), S. 10.

Abb. 4.1: Systemarchitektur der Semiramis Software

5   Schlussbetrachtung und Ausblick

Durch die Entwicklung der Märkte in Richtung einer fortschreitenden Globalisierung der Wirtschaft werden zwischenbetriebliche Koordinationen im Sinne des SCM immer wichtiger. Insofern werden geschlossene Geschäftsprozesse und ausschließlich lokal nutzbare Softwarelösungen mehr und mehr der Vergangenheit angehören. Somit wurden ERP-Systeme vor neue Herausforderungen gestellt.[66]

Gartner geht mit seinem ERP II Konzept, der auf eine offene Web-konforme Basisarchitektur beruht, in die richtige Richtung, da heute sowohl die internen als auch die unternehmensübergreifenden Prozesse dargestellt werden müssen. Wichtige Eigenschaften wie Prozessoptimierung und Prozesseffizienz, die durch ERP-Systeme gewährleisten werden sollen, machen heutzutage nicht mehr an den Unternehmensgrenzen halt, sondern beinhalten gleichermaßen eine stromlinienförmige Abbildung extern ausgerichteter Geschäftsabläufe im Bereich SCM, Collabortive Commerce, CRM und die Verlagerung von Geschäftsprozessen ins Internet.[67]

Zusammenfassend kann gesagt werden, dass ERP II-Systeme den richtigen Weg in die Zukunft einschlagen. Das Konzept der Gartner Group, die Merkmale wie Rolle, Branchenfokus, Funktion, Prozess, Architektur und Daten der ERP-Systeme (siehe Tab. 3.2) in diese Richtung weiter zu entwickeln, ist aufgegangen. Dementsprechend handelt es sich bei ERP II nicht nur um einen reinen Marketing-Begriff, um das Image der klassischen ERP-Systeme aufzupolieren, sondern um eine gezielte Weiterentwicklung und Anpassung der Softwaresysteme. Sie zeigt, wie sich ERP-Systeme und die gesamte Anwendungslandschaft eines Unternehmens durch die modernen Geschäftsanforderungen weiterentwickeln müssen.[68] Das ERP II Konzept ist nur der Anfang, ein Schritt in die richtige Richtung. Mittelfristig gesehen, sind die Systeme durchaus ein gutes Modell. Um aber die gewünschten flexiblen Systemstrukturen, die helfen würden, Prozesskosten signifikant zu reduzieren und die Flexibilität der Organisationen zu erhöhen, dauerhaft zu gewährleisten, sind langfristig gesehen lose gekoppelte Services nötig, die auf SOA basieren. Eine SOA ist ein „ […] Softwarearchitekturkonzept, in welchen Funktionen in Form von wieder verwendbaren, voneinander unabhängigen und lose gekoppelten Services implementiert werden.".[69] Dieses Konzept verspricht dem Unternehmen langfristig eine wirtschaftliche Wettbewerbsfähigkeit.

---

[66]   Vgl. Schönthaler (2005), S. 27.
[67]   Vgl. Gottwald (2006c), S. 11.
[68]   Vgl. Albert, Fuchs (2007), S. 4.
[69]   Oey, Wagner, Rehbach, Bachmann (2005), S. 203.

Literaturverzeichnis

Albert, C.; Fuchs, C.: Durchblick im Begriffsdschungel der Business-Software. 2007. http://www.logistikinside.de/fm/2248/Durchblick%20Business% 20Software.pdf. Abrufdatum 2007-12-07.

Balzert, H.: Lehrbuch der Software- Technik. Band 1: Software-Entwicklung. 2. Aufl., Berlin, Heidelberg 2000.

Becker, J.; Schütte, R.: Handelsinformationssysteme. 1.Aufl., Landsberg/flech 1996.

Beheshti, H. M.: What managers should know about ERP/ERP II. In: Management Research News. 29 (2006) 4, S. 184-193.

Busch, A.; Dangelmaier, W.: Integriertes Supply Chain Management. Theorie und Praxis effektiver unternehmensübergreifender Geschäftsprozesse. 1. Aufl., Wiesbaden 2002.

Corsten, H.; Gössinger, R.: Einführung in das Supply Chain Management. Oldenburg 2001.

Experton Group: Integration und Flexibilität - Aktuelle Anforderungen und innovative Lösungsansätze im mittelständischen ERP Markt am Beispiel SoftM Suite -. 2006. www.it-auswahl.de/files/Whitepaper%20SoftM%20Suite%20 Experton%20Group.pdf. Abrufdatum: 2007-12-17. f

Gampl, B.: Rückverfolgbarkeit von Lebensmittel. Eine empirische Analyse kettenübergreifender Informationssysteme. Dissertation, Universität Kiel, Kiel 2006.

Gottwald, M.: ERP II – die Zukunft hat erst begonnen. In: Computerwoche. (2006a) 25, S. 30-31.

Gottwald, M.: ERP II ante portas. In: is report. 10 (2006b) 3, S. 16-20.

Gottwald, M.: Hohes Anwenderinteresse an der nächsten ERP-Generation. In: Informationweek. (2006c) 7/8, S. 10-11.

Gottwald, M.: ERP II umfasst auch Business Intelligence. In: is report. 11 (2007) 3, S. 22-25.

Gronau, N.: Rechnergestütztes Produktionsmanagement. PPS-Systeme sind keine Managementinformationssysteme. In: Zeitschrift für Fortschrittliche Betriebsführung und Industrial Engineering. 41 (2006) 4, S. 160-163.

Gronau, N.: Enterprise Resource Planning und Supply Chain Management. Architektur und Funktionen. Potsdam 2004.

Gümbel, H.: ERP-Anbieter müssen Systeme anpassen. In: Produktion. (2003) 15, S. 28.

Hahn, D.: Problemfelder des Supply Chain Management. In: Supply Chain Management. Hrsg.: H. Wildemann. München 2000, S. 9-19.

Hesseler, M.; Görtz, M.: Basiswissen ERP-Systeme. Auswahl, Einführung & Einsatz betriebswirtschaftlicher Standardsoftware. Witten 2007.

Market Research: Anforderungen an ERP Lösungen im Mittelstand. www.softm.com/softm/servlet/downloads/7338. Abrufdatum: 2007-12-17.

Möller, C.: ERP II: a conceptual framework for next-generation enterprise systems? In: Journal of Enterprise Information Management. 18 (2005) 4, S. 483-497.

O. V.: Einsatz der Standardsoftware SAP R/3. 2005. kegsaar.de/lehre/vorlesung/
SAP/SS05/download/050419-slides.pdf. Abrufdatum: 2007-12-17.

O.V.: SoftM Software und Beratung AG. 2007. http://www.it-matchmaker.com/erp-
guide/downloads/darstellung/619.pdf. Abrufdatum: 2007-12-19.

Oey, K. J.; Wagner, H.; Rehbach, S.; Bachman, A.: Mehr als aller Wein in neuen
Schläuchen: Eine einführende Darstellung des Konzepts der serviceorientierten
Architekturen. In: Unternehmensarchitekturen und Systemintegration, Band III
der Reihe Enterprise Architecture. Hrsg.: S. Aier, M. Schönherr. Berlin 2005,
S. 198-218.

Schambach, A.: ERP und ERP II: Quo vadis? Anwender fragen nächste ERP-
Generation nach. 2006. http://www.competence-
site.de/standardsoftware.nsf/9708E00A73A36291C125715D
00545E25/$File/erp%20und%20erp%20ii%20quo%20vadis_softselect.pdf.
Abrufdatum: 2007-12-16.

Schulte, C.: Logistik. Wege zur Optimierung der Supply Chain. 4. Aufl., München
2005.

Schütte, R.; Vering, O.; Wiese, J.: Erfolgreiche Geschäftsprozesse durch standardisierte
Warenwirtschaftssysteme. Berlin 2000.

Schönthaler, F.: Collaborative Business. Intelligente Geschäftsprozesse und Softwarelösungen. 2005. http://www.promatis-software.de/downloads/wp/
WP_Collaboration_0501d.pdf. Abrufdatum: 2007-12-19.

SoftM Semiramis GmbH & CO. KG: Semiramis Broschüre. 2007.
http://www.semiramis.com/semiramis/servlet/pages/de/19258. Abrufdatum:
2007-12-19.

Spielmann, P.; Koelwel, D.: ERP: Solide Gebaut. In: e-commerce MAGAZIN. (2006)
3, S. 12-17.

Stahlknecht, P.; Hasenkamp, U.: Einführung in die Wirtschaftsinformatik. 11. Aufl.,
Osnabrück u. a. 2004.

Vering, O.: Methodische Softwareauswahl im Handel. Ein Referenz- Vorgehensmodell
zur Auswahl standardisierter Warenwirtschaftssysteme. Dissertation, Universität Münster, Telgte 2002.